DE L'ACQUISITION ET DE L'EXTINCTION

DES

DROITS D'USAGE

PAR LA PRESCRIPTION

DANS LES FORÊTS IMPÉRIALES

ET PARTICULIÈRES

Lex est omnium divinarum et humanarum rerum regina.

Oges.

CLERMONT-FERRAND

IMPRIMERIE DE THIBAUD-LANDRIOT FRÈRES, LIBR.

Rue Saint-Genès, n° 40.

1853

F

DE L'ACQUISITION ET DE L'EXTINCTION

DES

DROITS D'USAGE

PAR LA PRESCRIPTION,

DANS LES FORÊTS IMPÉRIALES

ET PARTICULIÈRES.

DE L'ACQUISITION ET DE L'EXTINCTION

DES

DROITS D'USAGE

PAR LA PRESCRIPTION,

DANS LES FORÊTS IMPÉRIALES

ET PARTICULIÈRES.

Lex est omnium divinarum et humanarum
rerum regina. *Digeste.*

CLERMONT-FERRAND,

IMPRIMERIE DE THIBAUD-LANDRIOT FRÈRES, LIBR.,

Rue Saint-Genès, 10.

1854.

INTRODUCTION.

Les droits d'usage sont, pour la propriété publique comme pour la propriété privée, une barrière à toute amélioration et une source intarissable de procès ruineux. Débris échappés à la conflagration qui détruisit la féodalité, ils sont restés parmi nous comme le souvenir amer des temps malheureux où l'homme et la terre étaient esclaves de la puissance seigneuriale. Avantageux, peut-être, aux contemporains des siècles passés, ils sont en complète dissonance avec l'état moral de la génération présente. Créés pour prêter un appui à l'agriculture des premiers âges, ils ne devaient avoir d'autre étendue que ses besoins. Elle les repousse aujourd'hui comme nuisibles à ses importantes découvertes et comme des langes gothiques qui lient sa sœur, l'économie forestière. Les ingénieuses inventions des arts, la création des routes, l'ouverture des canaux, l'exploitation de la houille ont amené de puissants changements dans l'emploi du combustible et dans la valeur des bois. Les droits d'usage, en restant en arrière de ces heureuses améliorations, se trouvent maintenant en complète anomalie avec les sacrifices qu'avait cru faire le seigneur, avec les bienfaits que l'usager avait cru recevoir. Usés par le temps, réprouvés par l'opinion, ils sont un véritable solécisme au milieu de notre brillante civilisation.

Le nouveau Code, en rajeunissant l'ordonnance de 1669 qui tombait de faiblesse et de vétusté, a arrêté la ruine des forêts et ranimé le courage des agronomes éclairés. Il se borne, il est vrai, à régler l'exercice de ces droits ; mais en laissant aux tribunaux le soin de les juger il fournit aux propriétaires de nouveaux moyens pour s'affranchir de ces dévorantes servitudes.

Tout en profitant du bénéfice de la loi pour opérer l'affranchissement des droits d'usage par le rachat ou par le cantonnement, les propriétaires doivent s'attacher soigneusement à l'examen des titres. Parmi les questions intéressantes que cet examen fait naître, on doit surtout rechercher si ces droits ne sont pas perdus par la non jouissance légale pendant trente ans.

Avant de frapper, la loi avait averti l'usager ; elle lui avait dit : Tu ne conduiras tes bestiaux

dans la forêt qu'après l'avoir fait déclarer défensable. Si la dent famélique de tes bestiaux la
dévore avant d'avoir rempli cette formalité, tu
commets un délit.

Elle lui avait dit : Tu ne couperas le bois dont
tu auras besoin bu'après en avoir préalablement
demandé la délivrance. Si l'arbre tombe sous le
tranchant de ta hache, avant d'avoir obtenu
cette permission du propriétaire, tu fais un acte
amendable de peines correctionnelles.

Lui suffira-t-il aujourd'hui, nouveau Brennus,
de jeter cette hache coupable dans les bassins de
la balance pour transformer sa possession crimi-
nelle en possession légitime? Le bûcheron qui
aura porté, durant des siècles, la torche et le fer
dans les forêts, entrera-t-il dans le sanctuaire de
la justice comme dans un lieu d'asile? Quoi !
l'usager, qui aurait substitué ses caprices aux
règles de la loi, jouirait des mêmes avantages que
celui qui aurait obéi à sa volonté ! Non, il n'en
peut être ainsi, car il n'est permis à personne
de secouer le joug salutaire des lois. Le respect
qui leur est dû est le besoin ainsi que le vœu de
tous : ceux qui se sont roidis contre elle ne
peuvent avoir droit à son assistance.

La variété de la jurisprudence forestière pro-
vient des différentes sources où il faut puiser.

Aussi vieilles que nos rois, les lois forestières ont subi les révolutions qui ont tour à tour détruit et recréé notre législation. Teintes des couleurs des divers gouvernements auxquels elles ont survécu, elles se trouvent répandues dans les annales de l'ancienne monarchie; les dispositions coutumières, les lois de l'assemblée constituante, de l'empire et de la restauration. Guidé par les opinions de nos meilleurs auteurs, j'ai pénétré dans ce labyrinthe pour recueillir les méditations de ces hommes éclairés qui font briller d'un nouvel éclat tous les points obcurs de la loi. Je serai trop récompensé si mes recherches peuvent faciliter des accommodements entre les propriétaires et les usagers, et éviter aux uns et aux autres les tourments d'un procès.

CHAPITRE PREMIER.

Les droits d'usage varient suivant les diverses nécessités de la vie et suivant le produit des forêts. Aussi voyons-nous que l'usager a tantôt la faculté d'y envoyer ses bœufs et ses vaches pour les y faire paître, et tantôt celle d'y conduire ses porcs pour en faire consommer les glands et les faînes. Dans d'autres forêts, il coupe le bois qui lui est nécessaire pour la construction, l'entretien et le chauffage de sa maison. Tandis qu'ailleurs il jouit de la liberté de prendre les arbres utiles à la confection de ses instruments d'agriculture et à la clôture de ses héritages. Quelquefois son droit se borne au simple usage du bois mort et du mort-bois.

Quelles que soient la variété et l'étendue de ces différents droits d'usage, ils sont de véritables servitudes (1). C'est là un point de droit résolu par les lois romaines. *Il faut*, disent-elles (2), *mettre au nombre des servitudes rustiques, le droit de faire boire son bétail à la fontaine et celui de pacage (3). On ne regarde pas comme un droit d'usufruit celui de tirer de la pierre et de fouiller du sable pour l'utilité du fonds dominant, ou pour l'édifice qu'on veut y élever; c'est*

---

(1) Traité du Voisinage par Fournel, tom. ii, pag. 430. Traité d'Usufruit, par Salviat, tom. ii, pag. 174.

(2) D., livre viii, titre 3, loi 1, § 1.

(3) D., livre viii, titre 3, loi 6, § 1.

*une servitude réelle qu'on a sur la propriété du voisin.
Il en faut dire autant du droit qu'on a de prendre
des échalas dans le bois de son voisin, pour garnir sa
vigne qui en manque.* Cette opinion a été partagée par
nos plus habiles jurisconsultes. On lit dans les obser-
vations de M. le président Bouhier, sur la coutume
de Bourgogne (1) : « L'usage dans les bois d'autrui,
» consiste au droit d'y prendre diverses sortes de
» commodités :... il n'y a nul doute que ce soit une
» servitude. » Et dans M. Toullier (2) : « L'usage dans
» les bois et forêts est une servitude réelle qui est
» réglée par des lois particulières. »

Il y a une distinction importante à faire entre ces
servitudes : elles sont tantôt *réelles* et tantôt *personnelles*. Si ce droit est accordé à une personne pour
un service particulier et qu'il finisse avec elle, la servitude est personnelle. Elle est encore personnelle
si elle est accordée à un particulier, à ses enfants et
descendants, ou pendant le temps qu'ils seront propriétaires de tel immeuble auquel ce droit est utile.
Car, s'ils venaient à vendre ou à mourir sans enfants, la servitude se trouverait éteinte à leur égard,
et l'acquéreur ou l'héritier n'aurait rien à réclamer
parce que la servitude serait personnelle.

Si, au contraire, l'usage est accordé à des particuliers par rapport à leur domicile, *personis pro re-
bus*, à leurs terres, et pour les mettre en état d'y subsister plus commodément eux et les leurs, et d'y bâtir
ou réparer leurs maisons, en ce cas, la servitude est

(1) Coutume de Bourgogne, chapitre LXII, nos 26, 27, 28 et 29.
(2) Tome III, pages 338 et 336.

réelle et suit le possesseur de l'héritage : elle dure par suite autant que le fonds. La loi romaine fait aussi cette distinction : *Il y a*, dit-elle (1), *plusieurs servitudes qui sont plus réelles que personnelles, comme les servitudes de pacage et faire boire son bétail à la fontaine d'autrui. Cependant, si un particulier, en établissant par son testament une pareille servitude sur son héritage, avait désigné la personne à qui il voulait que cette servitude fût due, alors elle deviendrait plus personnelle que réelle, et l'héritier du légataire, ni celui qui aurait acquis de lui le domaine, ne pourraient exiger la servitude.*

L'ordonnance de 1669 (2) n'a considéré les droits d'usage que comme des servitudes réelles, car elle n'admet l'exercice des droits de pacage qu'en faveur des maisons usagères dénommées dans les états arrêtés au conseil.

Lorsque le droit d'usage est accordé à une généralité d'habitants, ce n'est pas à la personne de l'habitant que la forêt est asservie, mais à son habitation, mais à la terre qu'il exploite. Ces droits sont donc autant de servitudes réelles (3).

Il résulte de là que le droit d'usage concédé à cause d'une maison est une servitude réelle. Cette servitude réelle ne peut être vendue sans la maison, et passe de plein droit à l'acquéreur. Ce droit ne peut être exercé que par celui qui réside dans le lieu pour lequel la concession a été faite.

(1) D., livre VIII, titre 5, loi 4. Inst., livre II, titre 5, § 2.
(2) Titre XIX, art. 5.
(3) Traité des Biens communaux, par M. Henrion de Pensey.

La concession d'un droit d'usage faite à une personne, relativement à un immeuble, peut être définie une servitude réelle temporaire. Elle est mixte, c'est-à-dire qu'elle est à la fois réelle et personnelle. Si la concession est faite à une personne pour sa commodité, c'est plutôt une simple tolérance qu'une servitude.

Les droits d'usage, servitudes réelles, sont incorporels (1). Ils ne peuvent subsister sans un immeuble et ne sont qu'un accessoire du fonds pour lequel ils ont été constitués. Nous verrons, en traitant de la preuve par témoins des droits d'usage, que cette distinction n'est pas sans importance.

Ces servitudes réelles se divisaient autrefois en plusieurs classes. On les appelait urbaines, rustiques, prédiales, etc. Ces qualifications d'une grande importance chez les Romains sont presque sans objet chez nous. Mais une distinction plus essentielle est celle des servitudes continues ou discontinues, apparentes ou non apparentes.

Les servitudes continues sont celles dont l'usage est ou peut être continuel sans avoir besoin du fait actuel de l'homme, art. 688.

Les servitudes discontinues sont celles qui ont besoin du fait actuel de l'homme pour être exercées: tels sont les droits de passage, puisage, pacage et autres semblables.

Les servitudes sont apparentes ou non apparentes. Les servitudes apparentes sont celles qui s'annon-

(1) D., livre viii, titre 4, loi 1, § 1.

cent par des ouvrages extérieurs, tels qu'une porte, une fenêtre, un aqueduc, art. 689.

Les servitudes non apparentes sont celles qui n'ont pas de signe extérieur de leur existence, etc.

D'après les définitions que nous venons de donner, les droits d'usage appartiennent à la classe des servitudes discontinues et non apparentes. Cela n'est susceptible d'aucune contradiction. L'art. 688 ne parle, il est vrai, que du droit de pacage; mais celui de ramasser du bois et d'en couper étant de même nature, est aussi une servitude discontinue. « Les droits d'usage, dit M. Favard (1), soit qu'ils consistent dans la faculté de prendre dans une forêt le bois nécessaire aux besoins des usagers, soit qu'ils aient pour objet le pâturage des bestiaux, se rangent naturellement dans la classe des servitudes discontinues. » On verra que le caractère de continuité ou de discontinuité qu'ont les servitudes, influe essentiellement sur le mode de leur acquisition par la prescription, et qu'il a encore une influence assez marquée sur leur extinction par le non usage. Cette définition peut être considérée comme la base de toute législation sur l'acquisition et l'extinction des droits d'usage.

Il faut donc bien avoir l'attention de ne pas confondre les droits d'usage, quelque étendus qu'ils soient, avec la propriété qui doit toujours être distraite. Cette distinction est établie dans toutes les ordonnances rendues sur les eaux et forêts. Elle se

(1) Répertoire de jurispr., tome v, mot *usage.*

trouve également dans toutes les coutumes et dans tous les auteurs qui ont écrit sur cette matière.

La coutume du Nivernais, art. 21, du titre *des bois*, porte : « Le seigneur propriétaire peut vendre » son bois dont un autre a l'usage, mais à la charge » dudit usage. » Tant qu'on porte la qualité d'usager, dit Coquille, on ne peut avoir droit de propriété. Comment le droit d'usage *pourrait-il* être un droit de propriété, puisque le seigneur a toujours pu vendre sa propriété à la charge dudit usage? Peut-on concevoir rien de plus décisif? L'usager paie-t-il des impôts? L'art. 688 n'est donc que l'écho de l'ancienne législation.

A ces autorités se joint celle d'un arrêt rendu par la Cour de cassation, sur le rapport de M. Rousseau, le 6 mars 1817; en voici l'espèce :

En l'an 13 (1805) (1) les héritiers du sieur Labaucage avaient vendu aux sieurs Brovard frères, la terre d'Allègre, de laquelle dépendaient plusieurs parties de bois. Le contrat de vente chargeait les acquéreurs de toutes les servitudes actives ou passives, apparentes ou occultes, s'il en existait aucune. Plusieurs années après cette vente, le garde-forestier dresse un procès-verbal contre plusieurs habitants des communes riveraines qui s'étaient permis d'envoyer leurs bestiaux en pâturage dans ces mêmes bois. Mais ces communes ayant justifié de leurs droits par des titres anciens et irrévocables, les acquéreurs firent assigner leurs vendeurs en garan-

(1) Répertoire de jurisprudence par Merlin, mot *usage*.

tie, et prétendirent que les droits d'usage dans une forêt constituaient non une servitude réelle, mais une véritable copropriété; que, par conséquent, la clause qui leur imposait l'obligation de souffrir toutes les servitudes apparentes et non apparentes ne pouvait pas leur être opposée.

Ces moyens n'ayant pas prévalu en première instance, les acquéreurs portèrent l'affaire à la Cour royale de Riom, qui, par arrêt du 14 juin 1815, rejeta leur demande en garantie, sur les motifs que l'art. 688 du Code civil place les droits de pacage dans la classe des servitudes réelles.

Pourvoi en cassation pour fausse application de cet art. 688, et violation de l'art. 636 du même Code.

Ce pourvoi a été rejeté par arrêt du 6 mars 1817, au rapport de M. Rousseau.

« Attendu que, d'après les pièces et de l'aveu des parties, il s'agissait d'un droit de pacage attaché aux habitations, moyennant une redevance de sept sols six deniers par année;

» Que la Cour royale, qui a eu sous les yeux les titres et pièces, a dû dès lors ranger un pareil droit dans la classe des servitudes réelles, définies par l'article 697 du Code civil;

» Attendu que par les contrats de vente les acquéreurs ont été chargés généralement de toutes servitudes apparentes ou occultes;

» Attendu que les termes de la loi qui divise les servitudes en apparentes et non apparentes, continues et discontinues, sont des expressions génériques, qu'elles n'ont pu former obstacle à ce que la

Cour royale ait pu considérer comme étant au nombre des servitudes non apparentes discontinues, l'obligation de souffrir les servitudes occultes, puisque toute servitude non apparente est nécessairement occulte;

» Que ceci une fois reconnu en droit, la Cour royale, en appréciant les termes de l'obligation imposée aux acquéreurs, la bonne foi des vendeurs et l'intention respective des parties lors de la stipulation, a pu légitimement induire de ces différentes circonstances que les vendeurs étaient fondés à se prévaloir de la déclaration générale portée au contrat de vente pour repousser l'action recursoire des acquéreurs. »

Par ces motifs, la Cour rejette.

Quelques siècles avant cet arrêt, qui fixe d'une manière positive la jurisprudence sur cette matière, les jurisconsultes de Rome avaient traité la même question et l'avaient résolue de la même manière. Voyez au ff. livre VIII, titre 5, loi 20, § 1.

Nous dirons, en terminant ce chapitre, qu'avant la loi du 28 août 1792, l'action en cantonnement ne compétait qu'au propriétaire. Ce décret avait accordé le même droit à l'usager; mais le nouveau Code, après de vives discussions, a adopté l'ancienne législation. En effet, le droit d'usage ne peut être un droit de propriété, puisqu'on ne peut l'avoir que sur les fonds d'autrui. Ce droit n'étant qu'une servitude, celui qui en subit la charge doit être seul admis à s'en plaindre et à en rendre l'exercice moins onéreux à son héritage. La chambre n'a vu, dans l'innovation

de la loi de 1792, qu'une disposition que les circonstances d'alors pouvaient avoir dictée, mais que l'é-
tat actuel des choses ne pouvait plus admettre. Ce
retour vers les vrais principes détruit l'objection
présentée par M. Prudhon, dans son savant traité
de l'usufruit, qui soutenait que l'usager était co-
propriétaire parce qu'il participait, quand il voulait,
à la propriété par le cantonnement. Aussi, je ne
m'étendrai pas davantage sur cette question. Je dirai
que ce concert de lois romaines et de tous les auteurs qui, ainsi que notre Code, placent les droits
d'usage au nombre des servitudes discontinues, est
au-dessus de toute critique.

CHAPITRE II.

DE LA POSSESSION DES DROITS D'USAGE.

La jouissance des choses dont il n'est pas défendu de s'emparer produit la possession, c'est-à-dire un moyen d'acquérir ou de se libérer par un certain laps de temps (1). La possession est donc le principe de la prescription; mais, pour obtenir son appui, comme pour s'en défendre, il faut l'exercer conformément aux lois.

L'art. 2229 exige une possession continue et non interrompue, paisible, publique, non équivoque et à titre de propriétaire. Les actes de pure faculté et ceux de simple tolérance ne peuvent fonder ni possession ni prescription, art. 2232. Ceux de violence ne peuvent fonder non plus une possession capable d'opérer la prescription.

La possession doit être publique, pour qu'elle puisse être connue de ceux qui ont intérêt à la contester, et qu'on soit fondé à leur imputer de ne l'avoir pas contredite. Elle ne doit pas être obtenue par la force, la violence ou la clandestinité, parce qu'elle se confondrait avec le vol et l'usurpation. Combien de bons offices de voisinage seraient refusés! combien d'actes coupables seraient commis, si une simple tolérance ou un acte de violence pouvaient, par le laps de temps, devenir un titre de servitude!

(1) Art. 2216 du Code civil.

Il y a deux espèces de possession, la possession civile et la possession naturelle.

La possession est civile lorsqu'elle est fondée sur un titre.

La possession naturelle ou précaire est sans titre : *possideo quia possideo.*

Il y a aussi deux sortes de possesseurs : ceux qui possèdent de bonne foi et ceux qui possèdent de mauvaise foi.

Le possesseur de bonne foi est celui qui est le maître de ce qu'il possède ou qui a une juste raison de croire qu'il possède légitimement.

Le possesseur de mauvaise foi est celui qui possède comme maître ce qu'il sait ne pas lui appartenir.

Après avoir esquissé les principes généraux de la possession, examinons les formalités que les usagers ont à remplir pour en suivre les règles.

Les droits d'usage ne sont en général que de simples concessions faites pour un temps déterminé, à la charge de reconnaître le propriétaire et de remplir envers lui des devoirs prescrits soit par l'acte, soit par la loi : *Do ut des ; do ut facias.* Cette donation n'est donc qu'une concession faite à la charge de remplir certaines obligations ou de payer une redevance chaque année. Pour mieux dire, ce sont des contrats qui dépendent, quant à l'exécution, d'autres contrats. L'usager doit donc reconnaître l'auteur de la concession aussi longtemps qu'elle subsiste ; dès le moment où il le méconnaît, le lien qui les unissait est rompu : il perd ce qu'il a reçu, et le propriétaire rentre dans tous ses droits.

Les droits d'usage étant des servitudes discontinues, ne peuvent s'acquérir, aux termes de l'article 691, que par titres, sans cependant, ajoute cet article, qu'on puisse attaquer les servitudes de cette nature déjà acquises, par la possession, dans les pays où elles pouvaient s'obtenir de cette manière. Ainsi l'usager qui est en possession depuis trente ans d'un droit d'usage, peut traduire le propriétaire du fonds asservi devant un tribunal civil, pour se faire maintenir dans la propriété de sa servitude; mais il faut qu'il soit, pour cela, sous l'empire d'une coutume qui admette la possession sans titre; et il est vrai de dire que la plupart avaient adopté cette maxime de la coutume de Paris, *nulle servitude sans titre*, principalement pour les bois, qui étaient presque toujours exceptés et régis, d'ailleurs, par des lois particulières. C'est ce qui a fait dire à Chailland, dans son Dictionnaire des forêts : « Ne vaut la pos» session sans titre, parce que telle possession doit » être regardée comme une usurpation. » Les coutumes mêmes qui admettaient la possession sans titre, ne lui donnaient d'effet que du jour de la contradiction, *a die contradictionis* (1), c'est-à-dire du jour où un jugement ou un acte de possession légitime donnait un titre à l'usager. Il est donc très-difficile aujourd'hui de faire reconnaître un droit d'usage dans les pays où ils pouvaient s'acquérir par la possession immémoriale, s'il n'est pas fondé sur quelque contrat.

(1) Lalaure commenté par Paillet, page 61.

Si, d'après la plupart des coutumes et d'après l'article 691 du Code civil, la possession des droits d'usage sans titre est insuffisante, le titre sans la possession légale est également insuffisant; parce que l'usager qui, quoique fondé en titre, a cessé de jouir pendant le temps réglé par le Code civil, perd absolument son droit. Il ne suffit donc pas à l'usager d'avoir un titre, il faut encore qu'il jouisse conformément aux lois. Les ordonnances de 1576, art. 30; de 1402, art. 29; de 1815, art. 46 et de 1688, veulent que les officiers des eaux et forêts s'assurent des titres et de la possession des usagers, pour réprimer les abus et ramener les exercices à la teneur des titres. Les peines contre les usagers qui ont abusé sont l'amende à proportion du délit, et la privation du droit s'il y a récidive. Voyez l'ordonnance de janvier 1583, art. 10, et plusieurs arrêts cités par Saint-Yon, pag. 369. Lorsque les communes mésusent, on est fondé à leur interdire provisoirement leur usage pendant la durée du procès; Papon, en ses arrêts, livre xiv, n° 8, rapporte un premier arrêt du 12 janvier 1528 et un second du 1er août 1533, qui ont prononcé de semblables punitions. Il est donc bien constant que les usagers ont été punis chaque fois qu'ils se sont écartés de leurs titres et de la soumission qu'ils devaient aux ordonnances.

La possession de l'usager, contraire à son titre, ne lui fait pas acquérir la prescription : *Melius non est habere titulum, quam habere vitiosum.* Toutes les fois que la possession est contraire au titre, elle doit être jugée vicieuse et de mauvaise foi. *Cum nemo*

sibi causam possessionis mutare possit. Le titre ré-
glant le mode et la qualité de l'usage, prévaudra
toujours, malgré toute prescription contraire. Papon,
en ses arrêts, livre xiv, art. 10, rapporte un arrêt du
21 mars 1560 qui n'eut aucun égard à une possession de tout temps de prendre du bois à discrétion (1). Écoutons, sur cette question, le judicieux
Coquille; il commence par établir que celui qui veut
bâtir doit déclarer au seigneur, propriétaire du bois,
quel bâtiment il veut faire, afin que le seigneur
puisse connaître si ce bâtiment est nécessaire et selon la qualité de l'usager. Autrement, dit-il, le seigneur peut lui refuser, et à ce fait il cite l'ordonnance de 1516, art. 46. Il ajoute : Le règlement de
prendre marque ne peut être prescrit, et quelquefois, tenant les assises du bailliage, j'ai déclaré non
recevables les possessions des usagers par lesquelles
ils déclaraient avoir joui par temps immémorial de
prendre bois à bâtir sans marque; car telle possession emporterait droit de propriété en bois haute
futaie, et la qualité d'usagers qu'ils avaient et con-
fessaient résistait à cette possession et prescription.
Ils n'avaient pas joui *pro suo et opinione domini.*

Imbert, dans son Echiridion, rapporte plusieurs
arrêts par lesquels la possession dans laquelle étaient
les usagers de couper du bois à discrétion fut reje-
tée comme non prescriptible, à cause de la qualité
d'usagers, laquelle règle toute la suite de la jouissance.

(1) Traité d'usufruit, par Salviat, tom. ii, page 170.

Les droits d'usage doivent toujours être conformes au titre : *cùm apparet titulus, ab eo possessiones legem accipiunt* (1).

En vain les habitants établiront-ils que depuis des siècles ils jouissent et disposent en vrais propriétaires, cela sous les yeux du seigneur, et sans réclamation de sa part; si les titres de la seigneurie prouvent que la communauté n'a qu'un simple droit d'usage sur les bois, pâturages, à l'instant où ces titres paraissent, on s'y réfère. On regarde les actes possessoires des habitants comme l'effet de l'usurpation, et les reconnaissances du seigneur comme les résultats de l'erreur, de la surprise, et des siècles de jouissance sont comptés pour rien. Cette possession, dit Mornac, eût-elle duré trois siècles, n'est d'aucune considération parce qu'elle est contraire au titre.

Ainsi la possession de l'usager, quel qu'en soit le caractère, ne prouve autre chose qu'une jouissance précaire. On ne la regarde que comme une extension abusive de son droit d'usage, à moins qu'il ne prouve l'interversion des anciens titres et la cause du changement de sa possession (2).

Ce principe est consacré par un grand nombre d'arrêts : Dunod (3) rapporte trois arrêts des années 1698, 1700 et 1717. Le premier sur la représentation du titre primitif, déboute les jésuites de leurs

---

(1) Code Justinien, livre III, titre 34, loi 5. D., livre XLIII, titre 20, loi 1; § 18.

(2) Code civil, art. 1337.

(3) Traité des prescriptions, page 50.

prétentions à la propriété d'un bois sur lequel ils exerçaient depuis cent ans des actes de propriété. Il est donc bien clair que les usagers ne peuvent pas prescrire la faculté de couper sans se conformer à leurs titres et aux ordonnances sur la matière. Ils ne peuvent pas non plus prescrire un droit plus fort que celui qui leur est accordé par le titre primordial qui peut toujours être demandé par le propriétaire; et cela nonobstant tous titres contraires. Je dis des titres contraires, car si cette possession n'avait pas été accompagnée de reconnaissances, elle ne pourrait être d'aucun effet.

Le mode de la possésion doit être conforme aux lois et au titre, parce que la concession n'a été faite qu'à cette condition. Ainsi, il ne suffit pas à l'usager d'avoir un titre qui lui accorde un droit de pâturage; il ne peut, conformément à l'ordonnance de 1669, introduire ses bestiaux dans la forêt avant de l'avoir fait déclarer défensable.

S'il a le droit de prendre le bois nécessaire à ses constructions, il ne peut en user qu'après avoir fait constater ses besoins par un architecte et avoir obtenu une délivrance du propriétaire. Ce point de jurisprudence, fixé par une foule d'arrêts de la Cour de cassation, a été récemment confirmé par les articles 67 et 79 du Code forestier.

Bien plus, les usagers à qui on refuse de faire des délivrances ne peuvent se servir eux-mêmes; ils doivent s'adresser aux tribunaux (1). Ils ne sont dis-

(1) Voyez Baudrillard, arrêt de la Cour de cassation du 9 mai 1822.

pensés de demander une délivrance qu'autant que leur titre en contiendrait l'autorisation expresse. Car, la règle étant certaine, il faut, pour avoir effet, que l'exception soit également certaine. L'ordonnance de 1669, en astreignant, par mesure d'ordre public, les usagers, dans les bois des particuliers comme dans les bois de l'État, à l'obligation d'une demande préalable en délivrance, a même dû déroger aux droits que ces usagers avaient antérieurement de couper sans délivrance (1).

Du principe que les droits d'usage sont des servitudes discontinues, il résulte évidemment que l'usager est contraint, s'il veut conserver son droit, de jouir conformément à son titre. Car, s'il dénature sa jouissance, il dénature la servitude elle-même. Sa possession n'a aucune valeur, parce que le titre ne lui sert plus de base; de sorte qu'en négligeant la servitude concédée, pour user de celle qui n'a pas été accordée, il perd l'une sans acquérir l'autre.

Il est donc vrai de dire que l'usager n'est en possession légale de son droit, que lorsqu'il a d'abord un titre de concession et ensuite une délivrance du propriétaire. Le titre sans délivrance n'autorise pas à couper, et, s'il coupe, il ne possède pas, il vole. S'il suffisait de couper çà et là sans délivrance, les jugements correctionnels serviraient à prouver la jouissance de l'usager et seraient son meilleur titre, car ils contiendraient certainement la preuve qu'il a coupé. Mais que peut valoir devant les tribunaux

---

(1) Arrêt de la Cour de cassation; Sirey, tome 28, page 421.

une possession qui ne repose que sur des faits de
contravention ? Quoi! la loi défend expressément
de faire une chose; sera-t-il donc permis de se glori-
fier du mépris qu'on a fait de la loi et d'invoquer
ce même mépris comme un moyen qui fait profiter
le coupable de sa faute ? Non, très-assurément non,
un délit ne peut être un acte de possession légitime.
Par le non-usage on entend la cessation d'une jouissance caractéristique du droit. Sans cela à quels si-
gnes reconnaîtrait-on que la jouissance a eu lieu,
puisqu'elle serait confondue avec toute sorte de faits
de possession, avec des délits, avec des actes de
violence ? Cette possession serait contre la prohibition de la loi. Comment pourrait-elle équivaloir à un
titre régulier ? Il est de principe qu'on ne peut acquérir un titre au moyen de contravention et encore
moins de délits. En attribuant un effet quelconque
à cette possession, ce serait encourager celui qui veut
la produire; ce serait déclarer en principe qu'on
doit accorder une prime au délit. En résumé, la
possession de l'usage, pour être valable, doit être
conforme à la loi. Or, cette possession est-elle paisible, non équivoque et à titre de propriétaire? L'u-
sager a-t-il l'intention de posséder, *animo domini*;
et surtont de posséder de bonne foi? Deux conditions qui présentent de l'anomalie avec le fait qui
constitue un délit, parce que celui qui commet un
délit ne peut ignorer qu'il prend le bien d'autrui et
qu'il se rend coupable. Encore une fois, l'usager qui
a fait conduire ses bestiaux dans une forêt avant de
l'avoir fait déclarer défensable, et qui a coupé du

bois sans délivrance, a commis un délit qui ne peut lui profiter comme une acte de possession légitime.

En vain l'usager dira-t-il qu'il a toujours joui, que le défaut de délivrance préalable ne peut effacer la longue trace de sa jouissance. Ces raisons seront sans effet; en coupant du bois sans permission, il a fait ce que font journellement tous les gens qui dévastent les bois et sont traduits en police correctionnelle. M. le président Cappeau, dans ses lois forestières (1), dit, en parlant d'une commune qui aurait usé de son droit sans faire déclarer la forêt défensable : « Inutilement alléguerait-elle que les » troupeaux de ses habitants ont été dans les bois; » sans ces préalables, on ne pourrait pas l'en croire. » Si elle disait vrai, elle s'avouerait coupable de » délits que la loi punit sévèrement, et dont la ré-» pétition entraîne la perte du droit de dépaissance. » Or, des faits qui font perdre le droit ne peu-» vent pas le conserver; ils sont eux-mêmes la » preuve qu'il n'y a pas eu de jouissance légitime, » mais des usurpations, des voies de fait, des actes » de violence et de fraude, et toujours clandestins » et précaires. »

Toutes les formalités que les usagers ont à remplir ne consistent pas dans la possession. En général, ces droits ne sont concédés qu'à la condition de faire certaine chose ou de payer une redevance annuelle déterminée par l'acte. Faute par l'usager de payer la redevance, la faculté s'éteint. Tel est le vœu

(1) Lois forestières, tome 1, page 64.

de la loi, qui s'accorde parfaitement, dans ce cas, avec les principes d'équité. L'usager doit donc prouver qu'il a payé la redevance, c'est-à-dire le prix qui avait été la cause de la concession. Il dira peut-être que toutes ces redevances ont été abrogées par les lois de la révolution (1). S'il en est ainsi, la servitude a dû également être abolie; car il n'aurait pas été juste de priver le seigneur de son revenu, sans l'affranchir des charges qui en seraient la cause. C'est ce qui faisait dire à l'orateur du gouvernement, en présentant la loi du 19 mars 1803 (2): « Tous les usagers qui étaient assujettis à quelques » redevances féodales, en étant aujourd'hui déga- » gés par la suppression des droits féodaux, n'ont, » pour réclamer l'exercice de cette servitude, que » des droits anéantis. »

L'usager trouvera-t-il plus de protection dans les lois, pour s'affranchir de ses engagements, que le propriétaire pour se libérer de la servitude par la non jouissance légale? Assurément non, car, dans le doute, la loi se prononce en faveur de la liberté de l'héritage asservi.

L'usager doit encore montrer les quittances de ces annuités antérieurement à la révolution. Qu'il en ait perdu quelques-unes, c'est chose possible, mais il doit lui en rester assez entre les mains pour faire présumer l'exercice du droit, et par cela même la possession; à moins qu'il ne prouve que la perte de

---

(1) Voyez la justification des droits des propriétaires des rentes, par Mariette.

(2) M. Baudrillard, Traité des eaux et forêts, tome II, pag. 948.

ces écrits a eu lieu par un cas de force majeure, condition *sine quá non*, c'est-à-dire sans laquelle on invoquerait en vain la possession.

L'usager, en ne présentant pas de quittance, laisse penser que ni lui ni ceux qui l'ont devancé n'ont payé. Et puisque cette redevance n'a pas été acquittée, il faut en conclure que la concession ne fût qu'un projet qui ne se réalisa jamais, et par suite qu'il n'y a eu ni mise en possession ni possession exercée.

L'usager est encore tenu de faire connaître son droit à tous les nouveaux propriétaires, et de demander un titre recognitif de la servitude tous les trente ans. Ces reconnaissances sont non-seulement nécessaires à la possession, mais elles sont indispensables à la conservation du titre.

Dans l'ancienne jurisprudence, le seigneur conservait, nonobstant toutes concessions, la faculté de dégager sa propriété de la servitude en renonçant aux redevances. Il pouvait toujours user et abuser de sa propriété, c'est-à-dire d'un bois en faire des prés ou des terres. Cette opinion est attestée par nombre d'auteurs (1).

Voyons maintenant si l'usager peut se placer dans l'hypothèse d'une possession dépourvue de titres, d'une simple possession connue en droit par ces mots : *Possideo quia possideo*.

Pour faire usage de ce genre de possession toute matérielle, il faudrait que l'usager eût joui autrement qu'à la dérobée et d'une manière furtive. Il

(1) Traité d'usufruit, par Salviat, tome II, page 174.

faudrait qu'il eût joui avec l'intention de posséder, parce qu'il se croyait en droit de le faire.

On ne peut croire que l'usager ait possédé de cette manière, par la raison sensible qu'il lui était impossible de se dissimuler le vice de sa possession; car l'intention de posséder, dont a parlé le législateur, est toujours subordonnée, par son essence, à la bonne foi, c'est-à-dire à la croyance qu'on possède une chose qui nous appartient. Le fait matériel de la jouissance n'est rien, absolument rien, sans l'intention, telle que nous devons l'envisager. Sous ce rapport, la jouissance de l'usager est assurément vicieuse.

Cette possession est-elle conforme à l'art. 2229? Assurément non, car elle n'est pas paisible, ni publique, ni à titre de propriétaire. C'est une possession précaire, parce que les raisons qui avaient déterminé la concession ayant cessé, la gratification devait aussi prendre fin. La disparition de la cause doit toujours faire cesser les effets. Dès la publication des ordonnances qui ont réglé les formalités que l'usager devait remplir, la possession naturelle fondée sur un titre ne doit être considérée que comme entachée de mauvaise foi. Pour s'en convaincre, il suffit d'invoquer la maxime si connue, que personne n'est censé ignorer la loi. Qu'est-ce qui peut plus particulièrement constituer la mauvaise foi que de contrevenir sciemment à une disposition de la loi, que de faire ce qu'on sait qu'elle défend?

La disposition de l'art. 2229, que nous lisons dans le Code universel qui nous régit, n'est point introductive parmi nous d'un point de droit nouveau ; elle était l'effet d'un usage constamment suivi dans les pays coutumiers. Elle était le résultat du droit écrit dans les autres pays où ce droit se trouvait en vigueur.

Il est donc bien clair que l'usager qui ne peut pas justifier d'une permission écrite, accordée pour l'exercice du droit d'usage, n'est pas en possession. N'ayant qu'un titre non appuyé de possession actuelle, il doit, s'il veut conserver son droit, prouver que son titre n'est point éteint par le non usage. La présomption de non usage résulte contre lui du défaut de possession actuelle, et c'est à lui à fournir une preuve pour détruire cette présomption. Il suffit au propriétaire grevé de l'usage d'en nier l'exercice pendant trente ans. Celui-ci ne peut être astreint à faire directement une preuve négative. Cette preuve ne pourrait être d'ailleurs que fort peu instructive, car, de ce que les témoins n'auraient pas vu exercer le droit d'usage, il n'en résulterait pas nécessairement la preuve qu'il n'a pas été exercé.

L'usager, au contraire, peut facilement prouver le fait positif de la possession, si cette possession a réellement existé.

Aussi, sur une difficulté de ce genre qui fut soumise au Parlement de Paris, cette Cour, par arrêt du 7 février (1), chargea-t-elle les usagers de prouver qu'ils avaient usé, dans les trente ans avant le procès dans la forêt de Vadams, du droit de couper du

(1) Merlin, Répertoire de jurisprudence, mot *usage*.

bois qui leur appartenait par d'anciens titres, mais que l'on disait qu'ils avaient perdu : *per non usum.*

Voyez M. Merlin, dans ses Questions de droit, au mot *usage*, sect. 4, tome 6, page 840. Il décide que c'est à l'usager à prouver qu'il a exercé son droit d'usage. Nous le verrons encore plus clairement au chapitre suivant, qui traite du possessoire des droits d'usage. Ce point de doctrine ne nous paraît donc pas susceptible d'une controverse sérieuse. Il se présente une question plus importante : la possession doit-elle être prouvée par titres ou par témoins? Cette question sera traitée au chapitre de la preuve par témoins.

CHAPITRE III.

———

L'action possessoire (1) spécialement connue dans le langage de la jurisprudence française sous la dénomination de complainte, est l'action qui appartient à celui qui a la possession civile d'un héritage ou d'un droit réel pour s'y faire réintégrer ou maintenir contre celui qui vient le troubler dans sa jouissance.

Quatre conditions sont cumulativement nécessaires pour pouvoir proposer cette action.

Il faut, 1°. être en possession paisible depuis un an, parce que la saisine n'est opérée que par la possession annale.

Il faut 2°. que l'action soit ouverte dans l'année du trouble, parce qu'il est nécessaire que la saisine n'ait pas encore passé sur la tête d'un autre.

Il faut 3°. que la possession ne soit point exercée à titre précaire, parce qu'alors elle ne peut appartenir qu'à celui au nom duquel elle a été exercée (2).

Il faut 4°. que l'héritage ou le droit au sujet duquel on veut exercer la complainte soit susceptible d'être acquis par la prescription.

Il faut enfin que la possession soit légitime (3), et ce n'est pas dans le fait matériel de la jouissance même paisible et exempte de toute violence, mais

(1) Traité d'usufruit, par M. Prudhon.
(2) Art. 23 du Code de procédure.
(3) Pothier, Traité de la possession.

3

bien dans la cause morale ou civile de la détention de la chose, qu'on doit rechercher la légitimité qui produit de tels effets au profit des possesseurs. Par conséquent elle ne peut fonder une action possessoire si elle a été troublée, contestée, interrompue ; si elle résulte d'un titre précaire. On doit maintenir qu'on possède la chose à titre de maître, *non tanquam alienum, sed animo domini.* Il faut que la chose possédée soit susceptible d'être acquise par la prescription, c'est-à-dire, par la continuation de la possession durant le temps fixé par la loi (1).

Les servitudes discontinues ne pouvant s'établir que par titres, leur possession est toujours réputée précaire. Par conséquent elles ne sont pas susceptibles de l'action possessoire fondée elle-même sur ce que la possession est un moyen d'acquérir. La complainte ne peut donc être admise pour les droits d'usage qui sont des servitudes discontinues. Ce principe a été confirmé par plusieurs arrêts de la Cour de cassation, entr'autres par ceux du 21 octobre 1807, 28 novembre 1808 (2), 10 février 1812, 28 février 1814.

Le Code civil, dit M. Henrion de Pensey (3), déclare les servitudes discontinues imprescriptibles, et cette règle est sans exception. Ainsi toute possession commencée depuis la publication du Code, quels qu'en soient le caractère et la durée, est absolument sans efficacité, relativement au droit d'usage, incapable d'en attribuer la propriété et même la sai-

(1) M. Carré, Traité de la procédure, page 43.
(2) Dictionnaire de Dalloz, action possessoire, page 230.
(3) Traité des biens communaux.

sine, elle est insuffisante pour fonder la complainte.

La Cour de cassation a adopté cette manière de voir par un arrêt du 2 juillet 1823, dont voici le dispositif:

La Cour, vu l'art. 23 du Code de procédure, les art. 691 et 2229 du Code civil, et l'art. 7 de la loi du 30 ventôse an 12.

Attendu que la possession ne donne lieu à l'action possessoire, qu'autant qu'elle est capable de faire acquérir la propriété par prescription; que les servitudes discontinues ne peuvent s'acquérir par la prescription, ni par conséquent donner lieu à la complainte; qu'on ne peut juger le contraire sous le prétexte qu'elles se trouveraient acquises avant le Code, par la prescription, d'après l'usage local, et qu'on ne peut attaquer celles déjà acquises avant cette loi par la possession dans les pays où elles pouvaient s'acquérir de cette manière, parce que cette possession étant incertaine, la contestation ne peut donner lieu qu'à l'action pétitoire, et que le juge de paix n'étant compétent que pour juger le possessoire, ne peut les vérifier et constater pour en faire l'application au possessoire, sans excéder sa compétence, en préjugeant le pétitoire; que dans le fait, le jugement attaqué déclare qu'il s'agit dans l'espèce d'une servitude discontinue, et que néanmoins il décide que la possession de cette servitude donne lieu à la complainte, sous prétexte que la servitude se trouvait acquise avant le Code, d'après l'ancien usage du Dauphiné, qui d'ailleurs se trouve aboli par la loi du 30 ventôse an 12, sauf à l'égard des prescriptions acquises réservées par le Code: qu'en cela le jugement renferme un excès de pouvoir et viole formellement les lois ci-dessus citées; casse et annule le jugement du tribunal civil de Montbrison.

Si la voie de la complainte est fermée, celle du pétitoire est ouverte. L'usager qui sera troublé par le propriétaire de la forêt, pourra le traduire devant un tribunal civil, à l'effet d'être maintenu dans la propriété de la servitude. Mais, à l'appui de cette demande, il devra prouver qu'il a joui conformément aux règles établies au chapitre de la possession.

L'art. 691 n'a rien introduit de nouveau. Il est certain que dans l'ancienne jurisprudence les servitudes, pour l'établissement desquelles un titre était nécessaire, n'ont jamais pu être réclamées par l'action possessoire (1). Que l'on considère en effet où conduirait l'admission de la complainte en pareille matière? Il en résulterait qu'une fois l'usager maintenu sur le fondement que, depuis un an et un jour, il jouit d'une servitude imprescriptible, il n'aurait plus besoin de produire le titre qui pourrait seul légitimer l'exercice de ce droit; que ce serait à son adversaire à prouver que ce titre n'existe pas, tant que cette preuve ne serait pas rapportée, la possession de la servitude continuerait paisiblement, en dépit de la loi, qui veut que la possession même immémoriale ne puisse pas remplacer le titre; en dépit des ordonnances et du Code forestier qui exigent que l'usager ait chaque année des délivrances écrites.

(1) Traité des actions, par Duplessis. Jurisprudence civile, par Rousseau-Lacombe, mot *complainte*, n° 9. Bourjon, livre 6, titre 4, chapitre 1, n° 7. Dictionnaire de Dalloz, tome 1, page 253.

Il n'en serait pas de même si l'usager avait la possession annale; c'est-à-dire, s'il avait fait déclarer la forêt défensable; s'il avait obtenu la délivrance du propriétaire. Le juge de paix pourrait alors prendre connaissance des titres pour déterminer les caractères de la possession (1). Cette opinion est contraire à celle de M. Henrion de Pensey qui décide en principe que les droits d'usage ne sont pas susceptibles du possessoire, parce qu'ils sont des servitudes discontinues, mais elle est conforme à celle de M. Prudhon.

Hormi ce cas, la jouissance de fait ou la détention ne peut produire les effets d'une véritable possession. C'est le précaire qui a lieu et celui qui jouit ne détient la chose que pour un autre. Il ne jouit que par tolérance, puisque cette possession peut lui être ôtée à la volonté du propriétaire. Le précaire est toujours exclusif de la légitimité requise dans la cause de la possession. Il n'a joui que par tolérance, *licentia familiaritatis*, et non comme fondé en droit de l'exercer, ou *jure servitutis.*

Il est donc bien clair que l'usager qui n'a pas de titre ne peut pas se servir du possessoire pour établir son droit d'usage; que celui qui a un titre ne peut l'invoquer qu'autant qu'il aurait rempli les formalités prescrites par les articles 67 et 79 du Code forestier.

(1) Dunod, Traité des prescriptions, page 289. Rousseau-Lacombe, 95. Traité de l'usufruit, par Prudhon, tom. VIII, p. 282. Carré, Traité de juridiction civile, mot *usage*, à la table.

CHAPITRE IV.

LA PREUVE PAR TÉMOINS EST INADMISSIBLE POUR ÉTABLIR LA POSSESSION D'UN DROIT D'USAGE.

La preuve testimoniale a dû précéder la preuve littérale, car l'art de peindre la parole fut plus ou moins longtemps inconnu chez les peuples. Les lois de Moïse avaient établi qu'il fallait deux témoins intègres et dignes de foi pour prouver un fait. De chez les Juifs l'usage de la preuve par témoins passa chez les Grecs et ensuite chez les Romains. Elle avait même au commencement la même force que la preuve écrite; mais sur la fin il se glissa de si graves abus, que Justinien fit tous ses efforts pour la restreindre. C'est le peu de cas qu'on faisait de la preuve par témoins qui faisait dire à Cicéron dans sa harangue pour Lœlius: « De prétendus témoins ne décideront » pas notre cause; je ne puis souffrir que l'on com- » mette la vérité, toujours immuable et toujours » uniforme, à la discrétion et à la volonté des témoins » toujours changeante et toujours incertaine. »

Dans le commencement de la monarchie l'ignorance était si grande, que peu de personnes savaient écrire; ce qui rendait la preuve par témoins fort commune. C'était le seul moyen de prouver les conventions, et il l'emportait même sur la preuve littérale. Trompés par la multitude des faux témoignages, ces peuples grossiers cherchèrent la vérité dans la superstition. Le bon droit des parties fut décidé en

champ clos ou par les épreuves de l'eau bouillante.
Cet usage barbare dura jusqu'au quatorzième siècle (1). A cette époque, l'art de l'écriture, si rare
dans les temps plus reculés, commença à devenir
commun.

Les législateurs ne pouvant supprimer tout à coup
la preuve testimoniale sans causer des maux pires
que ses abus, la restreignirent en certains cas.

Enfin en 1566, l'ordonnance de Moulins (2), ouvrage du chancelier de l'Hospital, obvia aux dangers des faux témoignages. L'art. 54 est conçu en ces
termes : « Avons ordonné et ordonnons que doré-
» navant de toutes choses excédant la somme ou
» valeur de cent livres pour une fois payer, seront
» passés contrats pardevant notaires et témoins, par
» lesquels contrats seulement sera faite et reçue toute
» preuve desdites matières. »

Dans le même siècle l'ordonnance de 1667, rédi-
gée et discutée par les magistrats les plus éclairés
du siècle de Louis XIV, adopta les dispositions de
l'ordonnance de Moulins. Elles sont reproduites dans
l'art. 2, titre 20, ainsi conçu :: « Seront passés actes
» pardevant notaires, ou signature privée, de toutes
» choses excédant la somme ou valeur de cent livres,
» même pour dépôt volontaire, et ne sera reçue au-
» cune preuve par témoins contre et outre le con-
» tenu aux actes, etc. »

La sagesse de ces deux ordonnances a reçu un

(1) Voyez Boutillier, dans sa Somme rurale. Histoire du droit, par
Fleury.

(2) Traité de la preuve par témoins, de Denty.

nouvel hommage dans le dix-neuvième siècle. L'article 1341 du Code civil a été rédigé dans le même esprit et dans les mêmes termes.

L'art. 1341, dit M. Laporte dans ses Pandectes, est la répétition de l'art. 2, au titre 20, de l'ordonnance de 1667, lequel avait sa source dans celle de Moulins, art. 54. Le précepte est fondé sur la défiance qu'inspire la preuve testimoniale, qu'on n'admet qu'avec la plus grande répugnance, et quand il n'est pas possible d'en obtenir une autre.

Toutes les fois qu'on peut se procurer un titre écrit, on doit le faire; faute de quoi on ne sera point admis à faire la preuve par témoins, parce qu'on doit s'imputer de n'avoir pas constaté le fait par un écrit (1).

Prenons pour constant, dit M. Toullier, qu'aucune loi n'a défendu la preuve testimoniale en général, mais seulement dans les cas exceptés. L'admission de cette preuve est la règle, la prohibition de la recevoir est l'exception.

Mais aussi la prohibition devient règle générale pour tous les cas qui peuvent se rapporter à l'exception. Il ne suffit donc pas que le texte de la loi garde le silence sur un cas proposé, pour en conclure que l'admission de la preuve n'est pas défendue. Elle l'est si le cas dont il s'agit peut être rangé dans la prohibition, soit par une conséquence directe des termes de la loi, soit par analogie, par cette

(1) Voyez Bornier, Conférence des ordonnances. Louet, Recueil d'arrêts. Rodier, Questions sur l'ordonnance de Louis xiv. Boutaric, Explication des ordonnances de Louis xiv.

analogie qui est le véritable esprit de la loi, *mens legislatoris.*

Voilà trois lois rendues pour diminuer les dangers de la preuve testimoniale. Si elles n'ont pas défendu la preuve par témoins, en général elles l'ont fait pour tous les cas où les parties ont pu et dû se procurer une preuve écrite, dans laquelle la loi a plus de confiance. Les parties ne peuvent pas se plaindre de voir rejeter la preuve testimoniale, puisque la loi les avait averties.

Nous avons établi, en traitant de la possession, qu'il ne suffisait pas à l'usager d'avoir un titre qui lui accordât un droit d'usage; il devait encore faire déclarer la forêt défensable, obtenir des délivrances du propriétaire, payer les redevances. Or, toutes ces formalités ne se font que par écrit. La preuve de l'usager ne peut donc être faite par témoins, puisqu'elle doit résulter de permissions écrites, et qu'il n'y a de possession valable pour conserver le droit qu'autant que ces formalités ont été remplies et renouvelées chaque année.

Quel résultat donnerait cette preuve ? L'usager prouverait bien qu'il a commis une série de délits correctionnels; mais il ne prouverait pas qu'il a possédé. Il établirait qu'il a joui, non pas comme usager, mais comme dévastateur. Or, nous avons suffisamment établi qu'une voie de fait amendable de peines correctionnelles ne peut jamais être transformée en acte de possession légitime.

La Cour de cassation a décidé, par un arrêt rendu le 29 octobre 1810, qu'il n'existe d'exception pour l'art. 1341 , que lorsque les parties n'ont pas pu se procurer une preuve écrite. Non-seulement les usagers ont pu se la procurer, mais ils ont dû le faire sous peine de perdre leur droit. Aussi, une ordonnance de Henri IV, du mois de mars 1597, défend-elle au Parlement de Toulouse d'admettre les usagers à la preuve par témoins de la jouissance et de la perte de leurs titres. « Défendons, y est-il dit, aux gens tenant notre Cour du Parlement de Toulouse, de recevoir les prétendus usagers, soit communautés ou particuliers à faire preuve par témoins de leur jouissance si ancienne qu'elle puisse être, ni de la perte de leurs titres, priviléges et concessions, quelques prétextes qu'ils prennent de les avoir perdus ou autres, sauf à eux à se retirer vers nous pour leur pourvoir de nouveaux titres, confirmation ou autrement.

L'usager ne peut non plus être admis à prouver par témoins qu'il a verbalement demandé aux propriétaires et verbalement obtenu des délivrances. Pourquoi? Parce que la nécessité de la délivrance est de droit public, et qu'il était obligé d'obtenir une permission écrite.

Je puis citer une autorité bien imposante. « Il ne » suffirait pas, dit M. Henrion de Pensey, en parlant » d'une communauté d'habitants, qu'elle produisît » des témoins qui, déjà fort âgés, déclareraient en- » core qu'ils ont ouï dire à d'autres plus anciens que » telle a toujours été la possession de la commune; » il faudrait exiger d'elle des preuves *écrites* qu'elle » a joui, *animo domini*, à titre de droit d'usage; et

» que les actes possessoires qu'elle articule n'ont pas
» pu échapper à la connaissance du propriétaire de
» la forêt. »

Les principes s'opposent à ce qu'on entende
comme témoins les habitants de la commune inté-
ressée; et comme cet intérêt s'étend à une commune
voisine, la difficulté de trouver des témoins est très-
grande. D'ailleurs, il n'y a lieu de recourir aux en-
quêtes que lorsque des renseignements écrits établissent des faits de possession (1). Les habitants ne
peuvent être entendus comme témoins, car il a toujours été de maxime que *nullus idoneus testis in re
suâ intelligitur*. Les juges peuvent toujours admettre
contre un témoin tous les faits qui tendent à le re-
présenter comme agissant sous l'empire des circonstances, telles qu'on ne peut attendre de sa bouche
la vérité toute entière. Les habitants qui déposent
pour un procès qui intéresse la communauté ont
un double avantage à recueillir du résultat du procès. D'abord ils participent aux usages que le jugement accorde à leur commune, et, en second lieu,
ils évitent le paiement des frais pour lesquels, en
cas de non réussite, ils sont extraordinairement im-
posés. Voyez à cet égard un arrêt de la Cour de cassation du 5 juillet 1820; arrêt de la Cour d'Angers,
rendu en audience solennelle le 6 janvier 1823, *Jour-
nal du Palais*, t. 67, p. 127, et un arrêt de la Cour
de Rouen du 9 mai 1823.

Il semble, au premier coup d'œil, bien rigoureux

(1) Isambert, Traité de la voirie. Pardessus, page 332, n° 216, Guipape,
193. Despeisses, tome II, page 486, n° 14.

de déclarer un droit clairement établi par un titre prescrit, et que la commune allègue avoir conservé par des actes possessoires récents, dont elle offre d'administrer la preuve par ceux mêmes qui les ont faits.

Mais, en réfléchissant, cette rigueur disparaît entièrement.

D'abord, c'est la faute de la commune d'avoir laissé les pâturages dans un tel état d'abandon qu'elle ne puisse pas montrer un seul acte de possession légitime. Si cet abandon lui fait perdre injustement son droit, elle ne doit l'imputer qu'à son incurie.

Le plus grand effet que puisse produire l'allégation de sa jouissance est le doute; mais, dans le doute, *pro libertate respondendum.* La cause de la commune, qui veut tenir dans l'asservissement l'héritage d'un particulier, est, à tous égards, infiniment moins favorable que celle du propriétaire qui en réclame la liberté.

En excluant le témoignage des habitants, quand la cause de leur commune les intéresse, la loi a bien su qu'elle privait les communes du témoignage le plus commode; que, par cette exclusion, elle exposait souvent les communes à ne pouvoir remplir la preuve qu'elle exigeait d'elles. Cet inconvénient ne pouvant être mis en parallèle avec l'inconvénient plus grave de constituer les habitants juges dans leur propre cause, n'a pas arrêté le législateur; il ne doit pas arrêter les tribunaux, qui ne peuvent avoir la prétention d'être plus sages et plus justes que la loi.

Le célèbre auteur des Questions (1) de droit a traité cette question avec la profondeur qu'il apporte dans tous ses écrits. « Il semblerait, dit-il, que cette preuve
» peut être faite par témoins ; et c'est ce que l'on de-
» vrait effectivement décider, si cette preuve ne de-
» vait porter que sur des faits qui ne sont pas de na-
» ture à être constatés par écrit.

» Mais il faut bien faire attention à une chose :
» c'est que les droits d'usage, dans les forêts, ne peu-
» vent être exercés qu'après des formalités dont il est
» indispensable, pour ceux qui en jouissent, de prou-
» ver par écrit l'accomplissement préalable.

» Ainsi, avez-vous, dans une forêt, un droit d'u-
» sage consistant à y prendre du bois de chauf-
» fage ou de charpente ? Il faut qu'avant de le cou-
» per.... etc., etc.

» Il est donc bien clair, ajoute l'auteur, que de
» tous les droits d'usage qui peuvent être aujourd'hui
» réclamés sur des forêts, il n'en est pas un seul
» dont l'exercice ait pu ci-devant avoir lieu légale-
» ment, si ce n'est en vertu d'une délivrance expresse,
» renouvelée chaque année dans un acte authenti-
» que, dont une expédition a dû rester entre les
» mains de l'usager.

» Il est, par conséquent, bien clair que l'usager qui,
» ne possédant plus aujourd'hui tel droit d'usage,
» demande à prouver qu'il en a joui dans les trente
» dernières années, demande par cela seul à prouver
» qu'il en a préalablement obtenu la délivrance, etc.

(1) Merlin, Questions de droit, mot *usage*.

» Or, cet usager peut-il être admis à prouver par
» témoins les délivrances qu'il prétend lui avoir été
» faites depuis trente ans?

» C'est, en d'autres termes, demander à l'égard
» des délivrances qui auraient précédé l'abolition
» des juridictions des eaux et forêts, et qui toutes
» auraient eu le caractère d'actes véritablement ju-
» diciaires, si les actes judiciaires peuvent être
» prouvés autrement que par eux-mêmes, c'est-à-
» dire par la production qui en est faite, ou en mi-
» nutes, lorsque l'apport en est ordonné, ou en
» expéditions, ou en copies authentiques, question
» sur l'affirmation de laquelle n'ont qu'une voix tous
» les auteurs qui l'ont prévue, notamment Des-
» peisses, tome 2, chapitre de la preuve par titres,
» n° 8.

» C'est, en d'autres termes, demander à l'égard
» des délivrances qui seraient postérieures à l'année
» 1790, si celui qui, non-seulement a pu, mais a dû,
» sous des peines correctionnelles, se procurer la
» preuve par écrit qu'elles ont eu lieu, peut aujour-
» d'hui être admis à en prouver l'existence par té-
» moins, question qui n'en a jamais été et n'en sera
» jamais une, d'après l'esprit des ordonnances de
» Moulins, de 1667, et du Code, qui, en prohibant
» la preuve par témoins de toutes choses dont on
» a eu le pouvoir de se procurer une preuve par ti-
» tres, la prohibent à plus forte raison relativement
» à celles dont on était strictement obligé, dont on
» ne pouvait impunément se dispenser, de se pro-
» curer une preuve de cette dernière espèce, etc. »

L'opinion de M. Merlin est appuyée par deux arrêts rendus récemment par la Cour de Riom. Le premier en date du 25 avril 1826, entre François Bertrand, d'une part, et Jean Colly et Martin Charpille, d'autre part, qui sont ainsi conçus :

Considérant, d'ailleurs, que pour que cette possession fût légale et fût attributrice de prescription, il serait nécessaire que les parties de Bayle et de Salveton établissent que la prise du bois par elles faite, dans la forêt dont il s'agit, l'eût été après une délivrance consentie par le propriétaire de ladite forêt, et contenant indication de la partie de bois qui devait être coupée; qu'il faudrait de plus que les parties de Bayle et Salveton prouvassent qu'elles ont payé annuellement la redevance établie pour le droit d'usage en question par la reconnaissance de 1529, ce qui n'est nullement prouvé ni établi par les parties de Bayle et Salveton.

Le second confirme un jugement rendu par le tribunal civil de Mauriac, qui est conçu en ces termes :

Attendu, enfin, que la demanderesse ne pourrait établir sa possession et celle de ses auteurs qu'en rapportant des délivrances écrites de la part du propriétaire, *que toute preuve testimoniale*, qu'elle n'offre point, *serait inadmissible et inefficace.*

Par ces motifs, le tribunal déclare éteint par le non-usage, pendant plus de trente ans, le droit d'usage et de chauffage.

La Cour, déterminée par les motifs exprimés dans le jugement dont est appel, et sans qu'il soit besoin de s'arrêter à *la preuve subsidiairement offerte* par les parties de Bernet-Rollande, dit qu'il a été bien jugé par le jugement dont est appel, mal et sans cause appelé ; ordonne que ledit jugement sortira son plein et entier effet.

La prohibition d'admettre la preuve orale est gé-nérale et absolue, quand l'objet dépasse cent et cin-quante francs. Or, ici le prix de l'objet dépasse vi-siblement cette somme. C'est ce qui fait dire à Paillet : Comme le prix de la liberté est inestimable, on ne doit pas être facilement admis, en fait de servitudes, à faire la preuve par témoins de la perte d'un ti-tre (1). Lorsque la loi exige qu'un acte soit rédigé par écrit, la preuve testimoniale ne peut être ad-mise, quand bien même la somme serait au-dessous de cent cinquante francs ; car l'écriture étant alors une condition essentielle pour la validité de l'acte, la preuve testimoniale serait frustratoire, art. 931 et 2127.

Nous avons établi que les droits d'usage sont des servitudes incorporelles (2). Sous ce rapport, ils n'ont pas d'existence matérielle, et leur jouissance en est souvent occulte ; ils sont dans la classe des choses dont il est aisé d'obtenir la preuve écrite. On ne les acquiert que par titres, et on ne les conserve que par des titres nouveaux ou par des actes récognitifs. La preuve testimoniale ne doit être admise ni pour constater la convention et l'obligation, ni pour éta-blir l'exécution du titre.

Cottereau, droit général de la France, rapporte

(1) Pothier, sur l'art. 228 de la couronne d'Orléans.
(2) Traité de la prescription, par Vazeille.

un arrêt rendu par le Grand-Conseil, le 27 mars 1751, qui a fait l'application de cette doctrine. Le sieur Juimier soutint que cette preuve n'était pas admissible; l'arrêt accueillit son exception et défendit la perception du terrage réclamé.

Il résulte évidemment de ce que nous venons de dire que la preuve d'un droit d'usage dans les forêts ne peut jamais se faire par témoins : 1°. parce qu'il est toujours loisible à l'usager de se procurer une preuve écrite, et que la loi l'ayant prévenu, il ne doit imputer qu'à lui la perte de son droit; 2°. parce que les droits d'usage sont des servitudes discontinues et incorporelles, qui ne peuvent s'établir et se conserver que par titres; 3°. parce que la prohibition d'admettre la preuve orale est générale et absolue lorsque l'objet dépasse cent et cinquante francs. Ce serait donc vainement que les usagers qui n'auraient pas joui légalement pendant trente ans *offriraient* la preuve par témoins de leur jouissance.

CHAPITRE V.

DE LA PRESCRIPTION DES DROITS D'USAGE.

———

La prescription est née avec la propriété. Elle a dû précéder les contrats, parce qu'ils n'ont pu se former d'une manière certaine qu'à l'aide de l'écriture. Nos anciens l'appelaient la patronne du monde, et l'empereur Valentinien lui attribue le mérite d'assurer une pleine tranquillité aux hommes : *Humano generi profunda quiete prospexit.*

En général, toutes sortes de droits s'acquièrent et se perdent par l'effet du temps (1), à la réserve de ce que les lois ont excepté. Ainsi, celui qui a cessé de jouir d'une servitude pendant le temps suffisant, quoique fondé en titre, en a perdu le droit; et au contraire celui qui jouit d'une servitude, quoique sans titre, en acquiert le droit par une longue jouissance, si la loi le permet.

Il existait, avant la publication du Code civil, des règles très-diverses sur l'acquisition des servitudes par la prescription. Celles des pays coutumiers étaient différentes de celles des pays de droit écrit. Il y avait encore d'assez grandes différences, selon les Parlements. C'est surtout entre les lois romaines

(1) Traité de la prescription, par Vazeille. — Lalaure, Traité des servitudes.

et la coutume de Paris que régnait l'opposition la plus frappante. Cependant, pour les bois, on suivait généralement la volonté de la coutume de Paris. Celle du Nivernais s'exprime ainsi : « Pour aller, » mener ou envoyer bestes, couper, prendre bois, » ni autrement exploiter aucun acquiert es dites » choses, droit pétitoire ou possessoire de servitude, » s'il n'y a titre ou possession avec payement de re- » devances au profit du seigneur propriétaire. »

Henri, question 49, est du même avis. Comme toute servitude est contre le droit commun, contre la liberté naturelle, et qu'elle ne peut être présumée, aussi faut-il qu'elle soit établie par titre, et par titre formel ;... car il y a lieu de douter si la seule possession peut suffire, tant parce qu'il n'est pas certain si les servitudes peuvent se prescrire, que parce que la possession peut être suspecte ; et quand même l'on voudrait demeurer d'accord que la servitude peut s'acquérir par la seule possession, il faudrait qu'elle fût certaine, et qu'elle fût établie par de bons actes, *non vi, non clam, non precario, sed jure servitutis,* dit la loi.

Il est donc bien reconnu que l'acquisition des servitudes ne pouvait pas avoir lieu sans titre, dans la majeure partie des coutumes ; que celles qui l'admettaient exigeaient une possession légitime que nous avons démontrée être de toute impossibilité dans la jouissance des droits d'usage dans les forêts. La nouvelle législation a mis fin à cette variété de jurisprudence, en déclarant que les servitudes discontinues ne pourraient s'acquérir à l'avenir que par titres; art. 691.

Si toutes les servitudes ne pouvaient pas s'acquérir par la prescription, elles pouvaient toutes se perdre par le défaut d'usage (1). Il n'y a à cet égard que des différences peu marquantes entre le droit écrit et le droit coutumier. La prescription qui ramène à la liberté en éteignant la servitude a toujours été vue avec faveur et universellement adoptée. Elle est fondée sur l'abandon présumé que fait le maître de la servitude de son droit, surtout étant averti par la loi des suites de sa négligence (2). *Jura servitutum, in urbanis sicut in rusticis, non utendo pereunt.* C'est ainsi que parle la loi romaine. Nos coutumes s'expriment de la même manière. On lit dans celle d'Orléans : « La liberté de la servitude se peut réacquérir » contre le titre par trente ans ; et dans celle de Pa- » ris, le droit de servitude ne s'acquiert pas par la » longue jouissance, mais la liberté se peut acquérir » contre le titre de servitude par trente ans. » En Franche-Comté, les droits d'usage se perdaient aussi par trente ans. Le parlement le jugea ainsi le 7 février 1713, pour le marquis de Poitiers, contre les abbés et religieux de Rosières qui furent chargés de prouver qu'ils avaient usé dans les trente ans avant le procès, dans les forêts de la terre de Védans, du droit de couper du bois qui leur appartenait par d'anciens titres ; mais que l'on disait qu'ils avaient

(1) Lalaure, page 85.
(2) ff. livre viii, titre 2, loi 6.

perdu *per non usum*. Par un autre arrêt les chanoi-
nes de Vellersessel furent déboutés d'un droit
d'usage qu'ils avaient eu dans les forêts de M. le
marquis de Grammont, comme l'ayant perdu pour
n'en avoir pas usé depuis plus de trente ans (1).
Cette jurisprudence était suivie, car j'ai lu encore un
autre arrêt du 27 février 1709, par lequel le sieur
Marnin, religieux infirmier de l'abbaye de Saint-
Claude, fut débouté de la demande qu'il avait for-
mée des langues et des filets de cochons que l'on
tuait à la boucherie publique du lieu; quoique ce
droit fût prouvé par plusieurs titres anciens et en
bonne forme et qu'il eût été annexé à l'officier d'infirmier dans le partage des moines fait avec l'abbé
seigneur, haut justicier de la ville de Saint-Claude. La
Cour estima qu'il était perdu *per non usum*; le sieur
Marnin était convenu qu'il y avait plus de quarante
ans que lui et ses prédécesseurs n'en avaient pas joui.

M. de Fréminville dit même, dans son ouvrage
intitulé la Pratique des Terriers, que le seigneur
peut prescrire contre l'usager, si ce dernier manque
de payer la redevance pendant le temps suffisant
pour acquérir la prescription, parce que le droit
d'usage est une servitude qui s'éteint lorsque l'usager manque à ses engagements.

Le président Bouhier, au chapitre 62 de ses obser-
vations sur la coutume du duché de Bourgogne,
s'exprime ainsi en parlant de la prescription des droits

(1) Dunod, Traité des prescriptions, pages 296, 297 et 294.

d'usage : Il faut se souvenir que le droit d'usage est une servitude. Or, les lois ont décidé que toutes les servitudes se perdent, *non utendo*, et même par la prescription de dix et vingt ans (1); ce qui dans notre coutume doit être porté à la prescription trentenaire. Aussi ceux qui ont le mieux écrit sur cette matière sont d'avis que les droits d'usage sont perdus par la non jouissance pendant ce temps.

Les ordonnances de nos Rois ont pour ainsi dire réglé la prescription des droits d'usage. L'art. 50 de celle rendue par François Ier, au mois de mars 1515, porte défense de restituer aux usagers les arrérages de leurs chauffages. Cette prescription commence donc à courir dès la première année, et elle devient définitive si elle n'est pas interrompue pendant trente ans.

Dans les coutumes muettes sur la libération des servitudes, elles doivent se régler par celle de Paris qui fixe à trente ans le temps nécessaire pour se libérer de la servitude (2).

En passant de l'observation du droit ancien au droit nouveau sur la prescription des servitudes, on trouve que le temps requis pour prescrire est toujours de trente ans, art. 706 du Code civil. L'art. 625 avait déjà établi que les droits d'usage et d'habitation s'établissent et se perdent de la même manière que l'usufruit (3). Un arrêt de la Cour de cassa-

(1) Code Justinien, livre 3, loi 13.
(2) Traité des servitudes de Lalaure, commenté par Paillet, pag. 273.
(3) Salviat, Traité d'usufruit, tom. 2, page 190.

tion du 26 janvier 1818 a réglé que les droits d'u-
sage étaient prescriptibles de leur nature, comme
toutes les autres propriétés et servitudes, et qu'en les
déclarant imprescriptibles la Cour royale de Bor-
deaux avait violé les art. 706 et 2262 du Code civil.
Les rentes de toute nature sont tellement sujettes à
la prescription que pour l'interrompre, l'art. 2263
autorise le créancier à exiger de son débiteur un
titre nouvel, après vingt-huit ans de la date du dernier. C'est un délai de deux ans que la loi donne
pour faire renouveler le titre.

La Cour de Riom a appliqué le vœu de l'art. 706
dans une cause entre M. Dégain, M. de Tournemine
et une autre partie. Il s'agissait d'un droit d'usage
dans une forêt pour réparation de bâtiments. Il fut
allégué que l'usager était resté trente ans sans user
du droit, et la Cour imposa à l'usager la charge d'é
carter l'objection par une preuve (1).

La Cour de cassation a décidé que bien qu'un droit
d'usage fût tenu en fief, la libération avait pu être
prescrite par suite de non usage (2).

Il est donc suffisamment démontré que les droits
d'usage se perdent par la non jouissance pendant
trente ans, mais la jouissance ne les conserve qu'autant qu'elle a été accompagnée des préalables auxquels la loi reconnaît une possession légitime qui la
distingue de l'usurpation et du délit (3). L'usager,

(1) Merlin, Dict. de droit, mot *usage*.
(2) Lois forestières de Dupin, page 899.
(3) Lois rurales et forestières, par Cappeau, tom. 2, pag. 49.

par la nature même de son droit, est contraint de jouir conformément à son titre et conformément à la loi. S'il ne le fait pas, il use d'une autre servitude, et, en matière de servitudes discontinues, on perd l'une sans acquérir l'autre. Si j'ai, par exemple, le droit de passer sur telle partie du fonds voisin, je ne passe pendant trente ans que sur un autre côté, la première servitude sera éteinte, et la seconde ne sera pas acquise, car elle est discontinue, art. 709 et 710 (1). Il en est de même pour un droit de pâturage; si j'use du pâturage sans faire déclarer la forêt défensable, ou du chauffage sans délivrance, je perds le droit que j'avais, parce que j'ai resté trente ans sans posséder aux yeux de la loi. D'ailleurs, aux termes de l'art. 618, l'usufruit cesse par l'abus qu'on en fait (2). Or, peut-on commettre un abus plus criant que celui de conduire ses bestiaux dans une forêt, avant de l'avoir fait déclarer défensable, que d'abattre un arbre sans l'autorisation du propriétaire.

La prescription des droits d'usage commence à courir du jour où l'on a cessé de jouir. Les servitudes discontinues ayant besoin du fait actuel de l'homme pour être exercées, du moment où le fait cesse, la servitude n'est pas exercée, et la prescription commence. Cette cessation de jouissance légale doit dater de la publication des ordonnances qui ont voulu, par mesure d'ordre public, que les usa-

---

(1) Toullier, t....., n° 682, page 514 et suivantes. ff., livre 8, titre 6, loi 17 et 18. 41, titre 3, loi 4, § 27.

(2) Salviat, Traité de l'usufruit.

gers fissent déclarer les bois défensables. Elle doit dater du moment de l'inexécution à la volonté des titres qui n'avaient été accordés qu'à la condition que l'usager remplirait les engagements. Le propriétaire n'a pas besoin de faire des actes opposés à la servitude, car la prescription n'a besoin que du secours du temps pour produire l'extinction des obligations (1). Elle ne requiert de celui qu'elle doit libérer ni fait ni protestation ; elle lui présente sa sûreté dans l'inertie du créancier. C'est celui-là qui est tenu d'agir pour avoir l'assistance de la loi.

Cette doctrine fondée sur l'ancienne et la nouvelle jurisprudence a été confirmée récemment par deux arrêts de la Cour de Riom que j'ai rapportés en traitant de la preuve sur témoins. Je terminerai ce chapitre en transcrivant en entier le plus récent de ces arrêts qui a été rendu par un jugement du tribunal civil de Mauriac, parce qu'il renferme en quelques lignes, les principes que nous venons d'exposer sur l'extinction des droits d'usage par la prescription.

Attendu que les droits d'usage dans une forêt n'ont jamais pu être exercés par l'usager qu'en vertu d'une délivrance obtenue par ce dernier ;

Attendu que les lois et règlements forestiers qui l'ordonnent pour les bois de l'Etat, sont applicables aux usagers dans les forêts des particuliers, d'après l'article 5 du titre XXVI, et l'art. 28 du titre XXXII

(1) Toullier, n° 972, page 529. Delvincourt, tom. 1, p. 167, n° 6. M. Malleville, page 159.

de l'ordonnance de 1669, et d'après le décret du 17 nivôse an 13 ;

Attendu que, d'après la jurisprudence établie par une suite d'arrêts uniformes, l'usager dans la forêt d'un particulier ne peut, à peine d'être considéré comme délinquant et d'être puni comme tel, s'introduire dans la forêt soumise à son usage qu'après avoir obtenu la délivrance du propriétaire, lequel a droit de vérifier les besoins de l'usager, de marquer les bois à couper et d'en surveiller la coupe et l'emploi ;

Attendu que les deux titres produits par la demanderesse ne la dispensent point de l'obligation imposée à tous les usagers, de demander la délivrance ni d'observer les lois et règlements en cette matière ;

Attendu que l'on ne peut induire du silence du propriétaire pendant plusieurs années une renonciation à son droit, puisque toute renonciation au droit commun doit être expresse ;

Attendu qu'il résulte des motifs ci-dessus que l'usager ne peut posséder légalement son droit que lorsqu'il l'exerce en vertu de délivrances préalablement faites par le propriétaire ;

Attendu qu'il est mis en fait par le défendeur que jamais la demanderesse ni ses auteurs n'ont obtenu la délivrance du propriétaire ; que la demanderesse ne justifie d'aucune délivrance et qu'elle n'articule pas qu'elle en ait jamais obtenu ;

Attendu que toutes les coupes que pourrait avoir faites la demanderesse et ses auteurs, sans permission ni délivrance, ne peuvent constituer une possession légale et capable de conserver le droit d'usage; que les coupes ne pourraient être considérées que comme une série de délits punissables de peines correctionnelles;

Attendu que le droit d'usage, comme toute autre servitude réelle, se prescrit par le non usage pendant trente ans;

Attendu que, dans l'espèce particulière, n'ayant jamais possédé légalement le droit d'usage dont il s'agit, ce droit s'est éteint par la prescription, etc. ;

Attendu que la demanderesse ne pourrait établir la possession et celle de ses auteurs qu'en rapportant des délivrances écrites de la part du propriétaire; que toute preuve testimoniale, qu'elle n'offre point, serait inadmissible et inefficace.

Par ces motifs, le tribunal déclare éteint, par le non usage pendant plus de trente ans, le droit d'usage et de chauffage concédé par les beaux emphytéotiques des 27 octobre 1671 et 13 juin 1765, etc. Fait et jugé en audience publique du tribunal civil de Mauriac, séants MM. Devèze, président; Mailles, doyen des juges, et Delalot, juge, le 30 août 1825.

La Cour royale séant à Riom, département du Puy-de-Dôme, a rendu l'arrêt suivant:

Audience de la première chambre, du mercredi 20 juin 1827, etc.

Après avoir ouï les avoués des parties en leurs conclusions: Bernet-Rollande, avocat des appelants; Allemand, avocat de l'intimé, en leurs plaidoiries; et

M. Ducrozel, substitut au parquet pour M. le procureur général ;

La Cour déterminée par les motifs exprimés dans le jugement dont est appel et sans qu'il soit besoin de s'arrêter à la preuve subsidiairement offerte par les parties de Bernet-Rollande, dit qu'il a été bien jugé par le jugement dont est appel, mal et sans cause appelé, ordonne que ledit jugement sortira son plein et entier effet, et condamne les parties de Bernet-Rollande à l'amende et aux frais de la cause d'appel (1).

(1) Baudrillard, tome III, année 1827, page 517. Il n'est pas sans importance de dire que M. le baron Grenier présidait la chambre qui confirma le jugement rendu par le tribunal de Mauriac.

CONCLUSION.

Il résulte des faits que nous venons d'établir :

1º. Que toute espèce de droits d'usage dans les forêts sont des servitudes discontinues non-apparentes;

2º. Que la possession de ces droits n'est valable qu'autant qu'elle est fondée sur un titre et appuyée de pièces *écrites*, constatant la défensabilité de la forêt, la délivrance du propriétaire et le paiement des redevances;

3º. Que les droits d'usage étant des servitudes discontinues et leur possession étant toujours précaire, ils ne sont pas susceptibles de l'action possessoire ;

4º. Que la preuve testimoniale d'un droit d'usage est inadmissible, parce que la valeur de l'objet dépasse le taux fixé par les ordonnnances et que les usagers ont pu et dû se procurer une preuve écrite;

5º. Enfin, que l'acquisition des droits d'usage ne peut jamais avoir lieu sans titre, parce qu'il n'y a pas de possession capable de faire acquérir un droit d'usage, mais que l'extinction de ce droit a lieu toutes les fois que l'usager est resté trente ans sans jouir légalement de la servitude.

Le propriétaire qui veut affranchir sa propriété du droit d'usage doit donc demander à l'usager les quittances des annuités qui sont le prix de la con-

cession et les pièces *écrites* qui peuvent seules constater qu'il a joui légalement. Si l'usager ne le satis-
fait pas il sera fondé à lui dire : Il y a trente ans
que vous ne jouissez pas, donc votre droit d'usage
est perdu. L'usager isolé du plus léger appui, en
matière de possession, sera obligé de subir les con-
séquences des articles 706 et 707 du Code civil ;
or, d'après ces articles, les servitudes discontinues,
au nombre desquelles se rangent naturellement les
droits d'usage, sont prescrites par trente ans.

(*Voy*. deux arrêts importants de la cour de cassation du 3 avril 1833, Sirey 1833, 1re partie, page
58o. — Sirey 1833, page 161.)

SUPPLÉMENT.

———

J'ai lu, pendant l'impression de cette notice, le Code forestier commenté par Gagneraux. Cet auteur cite, tom. 1er, pag. 202 et 203, un arrêt de la cour de cassation, du 26 janvier 1826, qui défend d'admettre les usagers à la preuve testimoniale de la jouissance de leurs droits d'usage.

Le jugement du Tribunal de Mauriac, rapporté au chapitre de la prescription, pag. 53 et suivantes, vient tout récemment d'être confirmé par la Cour de cassation. (*Voy*. Sirey, 2me cahier, année 1829.) Cet arrêt fixe, d'une manière irréfragable, les principes que j'ai émis sur l'extinction des droits d'usage (*Voy*. Sirey 1829, 1, page 65.)

FIN.

TABLE.

FIN DE LA TABLE.

Clermont, impr. Thibaud-Landriot frères.

CLERMONT, IMPR. THIBAUD-LANDRIOT FRÈRES.

www.ingramcontent.com/pod-product-compliance
Lightning Source LLC
Chambersburg PA
CBHW070828210326
41520CB00011B/2168

* 9 7 8 2 0 1 3 7 5 8 3 6 9 *